***

******

FEMINA

******

***

Patrick Édène

Couverture et dessins libres de droits et issus du site freepik.com

Écrire, c'est comme peindre par des mots le tableau de son âme !
Patrick Édène

PRÉSENTATION

Je précise, ci-dessous, les motivations qui m'ont fait choisir une forme poétique personnelle plutôt que celle à laquelle elle ressemble et qui est nommée classique.

Ce qui m'intéresse en poésie, c'est que les nombres réguliers des syllabes des vers et les fins de ces vers écrites en rimes font, pour ainsi dire, chanter les concepts des poèmes dans l'esprit de celui qui les lit. Ainsi, l'œuvre emporte le lecteur au cœur de mélodies sonores et conceptuelles qui peuvent alors faire écho au chant divin de son âme. La poésie libre étant le plus souvent sans rimes et sans nombres réguliers de syllabes, elle ne peut donc me convenir à l'instar de la poésie classique trop codifiée.

Par conséquent, j'aime que mes écrits riment, que les syllabes des vers harmonisent le poème et qu'ainsi les sons et les sens des mots s'unissent dans un accord étroit pour créer une symphonie poétique ! Cela exprimé, les règles que j'emploie faisant partie de la poésie classique, elles me confrontent à ses autres règles complexes que je considère excessives et que je ne cherche pas à appliquer. Ces règles ont été précisées et codifiées par François de Malherbe (1555-1628) et Nicolas Boileau (1636-1711), et ont donc été appelées la poésie classique.

Selon mon propre calcul, j'applique un même nombre de syllabes pour les vers d'un poème, les élisions qui sont les non comptages des syllabes des fins de mots en « e » devenant, ainsi, des syllabes muettes si elles se trouvent devant un autre mot qui commence par une voyelle et les rimes que j'essaie de rendre parfaites.

Mais je ne veux pas, par exemple, limiter ma créativité par les formes fixes de la poésie classique telles que sonnet, pantoum, ballade, triolet, villanelle, rondeau, rondel, lai, iambes et terza rima. Leurs structures pourraient réduire les possibilités des précisions conceptuelles que je jugerais primordiales pour mon œuvre. De temps à autre, certes, par plaisir du challenge ou par désir d'expérience personnelle, je peux choisir la base de l'un de ces modèles si j'estime pouvoir réussir à lui donner l'expression exhaustive de mon propos. D'ailleurs, j'invente, comme tout auteur de poèmes peut le faire, des formes qui peuvent devenir un jour, pourquoi pas, des formes fixes pour ceux qui les aimeraient.

Je ne me préoccupe pas des diphtongues, appelées diérèses pour lesquelles on compte deux syllabes dans les mots qui contiennent deux voyelles qui se suivent ; à mon avis, cette règle perturbe la beauté rythmique d'un vers contenant un tel mot, puisqu'à notre époque nous ne les prononçons pas en deux sons. Victor Hugo, par exemple, compta deux syllabes dans le mot « lion » de l'un de ses poèmes, mais peut-être qu'à son époque les gens prononçaient li-on. Je ne m'occupe ainsi que de la prononciation actuelle des mots qui ont deux et parfois trois voyelles qui se suivent et non des règles classiques à ce sujet. « Lion » et « mieux » sont des mots qui ne créent qu'un seul son, et par conséquent, qu'une seule syllabe. Quand il y a deux sons dans la prononciation contemporaine de tels mots, cela arrive, je compte évidemment deux syllabes.

Je n'applique pas l'obligation d'écrire un mot commençant par une voyelle quand le mot qui le précède se termine par une voyelle alors qu'il est placé à la césure d'un vers. Je ne m'oblige pas à écrire après un mot finissant par deux voyelles, un mot commençant par une voyelle ; même si je respecte que des poètes utilisent ce genre d'obligation pour penser qu'ils écrivent ce qui est l'idéal en poésie que je considère, pour ma part, défavorisé par ce genre de règle.

Je ne cherche pas à éviter les échos qui sont des mots aux sons qui se ressemblent et placés dans un même vers ou dans deux vers proches l'un de l'autre. Je ne m'occupe pas d'éviter les mots qui contiennent des hiatus qui sont, selon les règles classiques qui n'en tolèrent que quelques-uns, des heurts entre deux voyelles dans un ou deux mots tels que « aérée » et « il y a ». Si mon poème l'exige, j'unis une rime masculine à une rime féminine quand leurs sons et leurs sens enrichissent mon propos. Qui plus est, cela me semble ainsi correspondre à la loi la plus puissante de la nature ! Pour les mêmes raisons de richesse de sens, je ne me préoccupe nullement de l'interdiction de lier des rimes au pluriel et au singulier. Je rejette les licences que s'autorisent un peu facilement les poètes classiques qui changent ainsi l'orthographe des mots. Et j'évite le plus possible les enjambements, les rejets et les contre-rejets qui découpent les phrases en morceaux pour utiliser les derniers mots de ces parties de phrases en tant que rimes.

En ce qui me concerne, je tente simplement d'atteindre, à ma manière, la plus belle union possible de sens et de sons pour chacun de mes poèmes et j'espère, chère lectrice et cher lecteur, que vous penserez que j'ai eu raison !

Nous sommes dans l'univers, donc l'univers est en nous !
Patrick Édène

La féminité ne s'exprime pas seulement dans l'élégance des femmes, car elle se trouve également dans l'expression de la nature et des énergies qui traversent l'univers ! La réalité s'est faite dualité pour devenir tangible et atteindre la conscience des âmes ! Sans ce qui est différent, rien ne peut être perçu dans sa splendeur !

FEMINA

LA FEMME

Dans ses yeux lumineux tels des lacs de tendresse
Dont tous ceux qui les voient reçoivent les caresses,
Pétille la magnificence de son âme
Qui l'anime pour qu'elle en devienne une dame.

Partout elle diffuse la féminité,
Au gré de ses innombrables activités
Où les effluves de ses énergies secrètes
Parfument la vie tout en demeurant discrètes.

Elle est la moitié de ce qu'est l'humanité
Et ne se révèle qu'au cœur d'humilité,
Dans le miroir des prodigieuses différences,
Quand son opposé se dégage des errances !

Ce n'est qu'à l'esprit respectueux qu'elle s'offre,
Restant comme un trésor enfermé dans un coffre
Pour l'envie masculine obsédée par le corps,
Qui ignore, avant tout, que l'amour c'est l'accord !

En chaque personne féminine elle est là,
Vibrant d'existence en ce précieux postulat
Qui démontre que les hommes doivent apprendre
La vérité qu'ils sont afin de se comprendre.

Quelles que soient ses couleurs ou ses apparences
Et les choix faits envers elle par préférences,
C'est elle qui porte le fruit de l'avenir
Pour que chacun puisse exister et devenir.

Et même si elle ne crée pas de naissance
Par quelque fait dont on a ou non connaissance,
Elle sera toujours l'une des deux parties
Qui créent sur la terre, de Dieu, la dynastie !

Des traits prennent le pouvoir, et de suite, l'on peut voir, dans la blancheur des pages, la féminité sans âge !

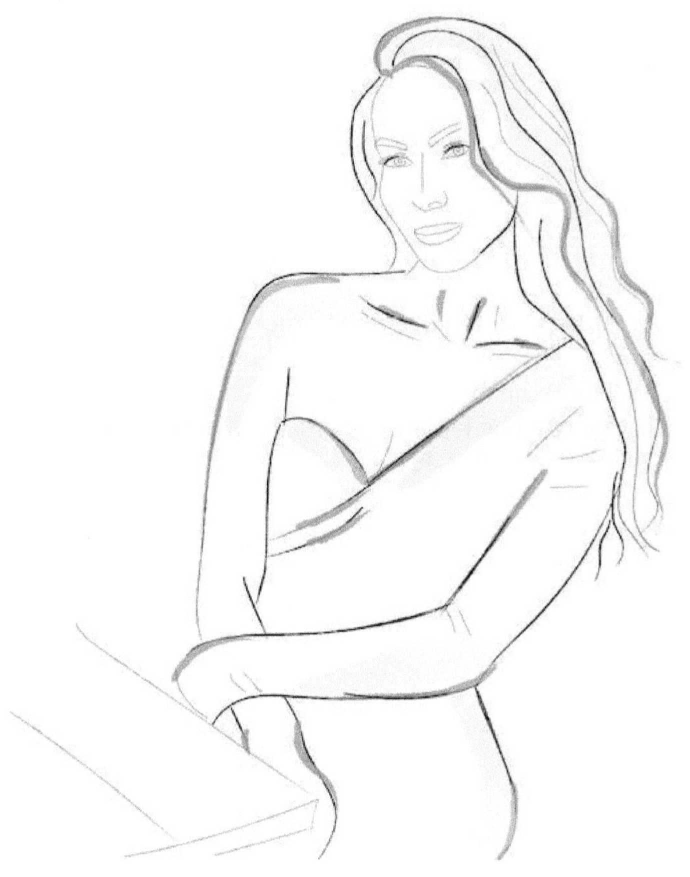

Une seule pause suffit dont l'éclat n'est pas un défi, pour que dans le miroir subtil, se voit le complément fertile !   !

Dans la masse de l'espace, il fallut pour exprimer l'esprit, une matière
à laquelle pouvait s'unir la vibration de la vie. Les pierres en sont le
symbole, car par elles prennent forme les constructions qui reçoivent
en leur sein, comme une femme son enfant, la présence de
l'existence ! Elles sont, ainsi, le socle où peut se tenir la force
spirituelle qui se montre alors à ceux qui la contemple ! Elles sont
aussi l'abri qui protège le repos des hommes, telle une mère qui serre
dans ses bras son fils qu'elle chérit !

LES PIERRES

Depuis l'apparition de la terre
Qui tourne autour du soleil constant,
Comme sur elle-même autant,
En se protégeant par son éther,
Elles portent les mers et les montagnes,
Les métropoles et les campagnes.

Elles donnent aussi leur consistance
Aux fiers et antiques monuments,
Et aux maisons ou aux bâtiments,
Ainsi que leur force et leur prestance.
Chacune d'elles sert de soutien
À un ensemble qu'elle maintient.

Sans elles, la vie serait absente
Car seul le feu règnerait en maître,
Faisant fondre tout à chaque mètre ;
L'eau en serait donc évanescente,
Et l'air épais et irrespirable
Par une chaleur impitoyable.

La planète est un fruit de l'espace
Qui a un noyau et une coque ;
Rien de ce qui l'a fait n'est loufoque
Et chaque élément est à sa place ;
Sa surface est formée de ses pierres
Jusqu'aux tombes accueillant les prières !

La nature qui porte le nom de création, est la féminité avec laquelle le
désir divin féconde le monde !

LA CRÉATION

Il est un influx provenant de l'univers
Dont la mission est la nature aux arbres verts,
Aux multiples fleurs aux innombrables couleurs,
Dont la beauté efface toutes les pâleurs,
Aux herbes qui dansent dans le vent du printemps
Dont le souffle est un rafraîchissement constant,
Aux diverses plantes de formes étonnantes,
Dont la présence rend les vallées luxuriantes,
Afin de créer une magnifique terre
À l'apparence qui ne sera pas austère.

Chaque arbre, chaque fleur, chaque herbe et chaque plante
Contient des lumières de pensées verdoyantes
Et d'autres de volonté de colorations,
Multiples et variées, pour leurs décorations.

Tout vibre ainsi d'une puissance intelligente
Qui fait de la vie, une aventure attrayante
Quand on sait admirer les splendeurs naturelles,
Et ressentir la richesse divine en elles.

Tout pétille du pouvoir de la création,
Du cœur des étoiles et de leurs constellations
Jusqu'à la moindre des parties des existences
Qui peuplent cette planète, par leur substance.

C'est pour cela que les citadins la réclament
Quand, blasés par la technologie qu'ils acclament,
Ils se ressourcent au-dedans de la nature
Dont ne parle pas assez la littérature !

Dans le mouvement universel, les différences s'installent et se reflètent entre elles pour exister. La féminité impose la masculinité et inversement, afin que se manifeste la splendeur de leur nature !

CHACUN ET CHACUNE DE NOUS

Enlevez en pensée, ses vêtements
Comme ses chaussures évidemment,
Car ce ne sont pas eux qui le font être
Au contraire des feuilles pour un hêtre.

Chassez de la mémoire, son chapeau,
Ainsi que de son pays, le drapeau,
Car ce ne sont pas eux qui l'ont fait naître
Ni même, en ce lieu terrestre, apparaître.

Rayez en vous, l'idée de son langage
Et celle de la foi où il s'engage,
Car ce ne sont pas eux qui le font vivre,
Même si le mysticisme délivre.

Oubliez l'apparence de sa peau,
Ainsi que celle de ses oripeaux,
Car ce ne sont pas eux qui la font digne
Ou indigne à recevoir quelque insigne.

Laissez ses actions bonnes ou mauvaises,
Ainsi que son aspect maigre ou obèse,
Car ce ne sont pas par eux qu'elle existe,
Même si elle œuvre pour qu'ils persistent.

Effacez de votre esprit, vos avis,
Ainsi que vos jugements sur sa vie,
Car comme lui, elle est en vérité
Un corps et une âme pour exister ;

Ces deux parties sont leur seule fortune
Et, comme vous, deux splendeurs qui font une ;
Voilà leur véritable identité
De frère et de sœur de l'humanité !

L'enfant qui vient de naître est déjà lui
Et, dans ses yeux, enfinnson âme luit ;
Fille ou garçon, à lui seul, il est tout
Et de Dieu, en notre monde, l'atout !

Courage aux femmes du monde car peu à peu leur droit à l'égalité s'impose, et malgré les combats qu'elles doivent encore gagner, elles sont en train d'atteindre le sommet de leur gloire !

UNE BONNE DÉCISION

Fut-elle misogyne cette académie
Qui donc, ainsi, ne fut française qu'à-demi
Puisqu'elle refusa trop de temps qu'en son sein,
Une femme, au moins, partage aussi ses desseins ?

Fut-elle, soudain, décidée à prendre femme
Pour assouvir un désir honteux ou infâme ?
Non, certainement pas, car cela fut plus noble
Et le contraire aurait été vraiment ignoble !

C'est le talent d'écrivaine qui prévalu
À cette décision, suprême et absolue,
Qui rétablit l'équilibre de la nature
Par l'avènement d'une telle investiture.

À la haute chaire de la justice humaine,
La féminité fit disparaître les haines
De cette institution illustre faite d'hommes
Qui avaient oublié l'histoire de la pomme !

Une Ève des plus cultivées par son parcours,
Fit alors, pour eux, un magnifique discours,
Toute de vert et or vêtue tels ces veinards
Qui aimaient enfin Marguerite Yourcenar !

Sûr que, dans les cieux, résonnaient les chants des anges
Également heureux que les choses s'arrangent,
Et que quelques-uns descendirent pour la voir
Et écouter l'excellence de son savoir !

Et sûr que c'est l'univers entier qui chanta,
Puisque se retrouvaient la nature et l'État
Pour soutenir ensemble, la culture et l'art
Prouvant que pour le bien, il n'est jamais trop tard !

La poésie et les fleurs sont de genre féminin, est-ce un hasard ?
Toutes deux enfantent les œuvres de la puissance de l'esprit qui dirige
la nature et les êtres !

FLEURS DE VERS

Comme une floraison printanière,
Les vers du poète prennent place
Dans leurs lignes formant des ornières
Que jamais la prose ne déplace.

Les poèmes sont des champs de fleurs
Qui s'épanouissent dans leurs sillons,
Juste à l'instant où elles affleurent
Dans l'ordre parfait d'un bataillon.

Leurs couleurs sont celles de l'esprit
Qui les alimenta de sa sève
Dont le pouvoir nutritif est pris
Dans la connaissance ou dans les rêves.

L'œuvre poétique alors parfume,
En rythmant les mots de ses anthèses,
À l'instar d'un peu d'encens qui fume,
Ses assertions et ses hypothèses.

Puis le poète fait des bouquets
Avec ses fleurs de vers qu'il délivre
Au lecteur, dans un petit paquet
Qui porte le nom : recueil ou livre !

FLEUR

Qui connaît de toi la splendeur secrète
Dont l'action, malgré sa force discrète,
Crée la beauté de tout ce qui existe
Et ce qui, en toi, rayonne et persiste ?

Qui sait d'où provient ta grande puissance
Dont l'élan assemble, pour les naissances,
Les éléments dispersés qui s'unissent
En des enfants que les prêtres bénissent ?

Des mains font de toi de plaisants bouquets ;
Te plantent sur des routes ou des quais ;
Te jettent en l'air pour que tu retombes
Sur des mariés ou au fond d'une tombe
Et te cultivent pour des gains d'argent,
Ou te tissent sur des habits de gens !

Des yeux admirent tes belles couleurs
Qui illuminent des champs, les pâleurs,
Te contemplent en de nombreux endroits
Où, reine, le soleil devient ton roi,
Et t'absorbent quand tu es sur des toiles,
Peinte en grande rivale des étoiles !

Des nez s'approchent de tes ouvertures
Pour humer tes parfums de confitures,
Te sentent en soupirant de plaisir,
Te happent dans l'air par puissant désir,
Et te cherchent pour capturer l'odeur
Que tu sais produire par ton ardeur !

Mais qui connaît ton secret merveilleux
Que ne peuvent saisir les orgueilleux
Qui se vantent de savoir par les sens
Sans jamais saisir des choses, l'essence ?

Qui ? Si ce ne sont ceux qui communient
Par la pensée qui, à toi, les unit
Dans un silence où leur âme t'effleure
Pour découvrir ta vérité de fleur !

De la même façon que la nature, la peinture explore les teintes des
émanations du monde, et en décore les tableaux de sa créativité !
Elle glisse sur les surfaces qui l'épousent, et elle met en évidence les
harmonies de la matière !

PEINTURE FÉMININE

Un tableau peint pour honorer chaque femme,

Est, vraiment, une émanation qui l'acclame

D'éclats de couleurs jaillissant d'un soleil

Qui, de ses rayons, éclaire les réveils.

Sa toile est l'espace où la féminité

Étend sa splendeur dans la sérénité

De lignes pures et variées qu'on devine

Exprimer la grâce de la paix divine !

Aucun heurt, aucun choc, aucune rupture

Au sein de l'harmonie de cette peinture

Qui, d'elle-même, impose le silence

Pour illuminer l'œil de son excellence !

Sans elle, féminité universelle, rien ne pourrait être aimé ou aimable ;
rien ne pourrait irradier la magnificence de l'énergie cosmique ;
rien ne pourrait être le récipiendaire d'une déclamation passionnée !

DÉCLARATION AMOUREUSE

Jamais ma vie n'aura été plus belle
Que lorsque, ravi, j'ai contemplé celle
Dont l'univers avait mis dans les yeux,
Un éclat si pur que j'y ai vu Dieu !

Jamais mon cœur n'aura battu plus fort
Que lorsqu'elle me sourit sans effort,
Dans sa splendeur et sa grande beauté
Qui m'illuminèrent de leur clarté !

Jamais mon âme n'aura tant vécu
Que lorsqu'enfin, par elle, fut vaincue
Cette haine dont les gens sont imbus
Et qui est la cause de leurs abus !

Jamais ma foi n'aura été plus grande
Que lorsque, par elle, j'ai fait l'offrande
De mon amour, à l'existence entière,
Qu'elle soit des étoiles ou poussière !

Les roses aux formes diverses, pour lesquelles se déversent les mots
de précieux poèmes, parfums d'esprit qui les aiment, expriment le
cœur des femmes en brillant comme des flammes !

LA ROSE

La tige, lumineuse et verdoyante,
Frissonne sous la bise matinale.
Le soleil, de sa clarté flamboyante,
Réveille la fleur et l'arbre vernal.

La corolle, alors, ouvre ses pétales
Comme des bras légers et colorés
Qu'elle écarte vers le ciel qui s'étale
Au-dessus des vastes prairies dorées.

Elle offre son parfum et sa beauté
Au vent, aux bourdons et aux papillons
Qui s'enivrent d'elle à satiété,
Et la quittent en quelques tourbillons.

Sous l'astre qui la peint, elle demeure,
Décorant le monde par sa joliesse,
Puis, après quelques beaux jours, elle meurt
Sans que l'été en perde son hardiesse.

Tels sont les grands pouvoirs du Créateur
Au talent unique et illimité,
Qui, en ces œuvres dont il est l'Auteur,
Prouve qu'il est la seule Autorité !

Il y eut un début à la présence cosmique qui déferla de ses lumières éternelles, dans les espaces des écrins des galaxies où a jailli de ses lignes somptueuses, la féminité des âmes désirant rencontrer la masculinité des esprits !

SONNET ORIGINEL

Elle étira lentement ses longs membres roses,
Heureuse et fière d'exister en respirant,
Adoptant, par son corps, les plus suaves poses,
Sachant déjà comment plaire à son aspirant.

Elle chercha donc, de son regard éclatant,
Autour d'elle et même au-dessous et au-dessus,
Celui qui devait l'aimer en la complétant
Sans que jamais elle puisse en être déçue !

Elle n'eut vraiment que peu de temps à attendre,
Car il cherchait aussi à vivre d'amour tendre
Depuis qu'il apparut par le même mystère.

De sentir, en leur être, un grand manque ou un vide,
Ils s'enlacèrent dans l'eau d'un grand lac limpide,
Et peuplèrent de magnifiques vies, la terre !

Qui peut ne pas savoir que la femme est comme l'aube pour l'homme, l'éclairant soudainement de la clarté de son être dans le miroir de l'amour ? Les mots tels que lumière, beauté et aube ne sont pas féminin par étrange association de genre, mais bien par similitudes de nature et de manifestation !

AUBE

Le jour se lève et la lumière révèle les couleurs
Qui l'attendaient de l'horizon à tous les autres endroits,
Pour encore montrer les splendeurs des arbres et des fleurs
Qui se penchent sous le vent ou qui, puissants, demeurent droits.

À nouveau le peintre du monde réalise un chef-d'œuvre
En éclairant, de son pinceau rayonnant, toutes les choses :
Papillons, oiseaux, étangs, maisons, écureuils et couleuvres,
Tout ce qui bouge ou non, pris dans son talent de virtuose.

Les eaux scintillent et, claires, reflètent les paysages
Aux nombreuses nuances de coloration et de ton.
Les montagnes arborent leur somptuosité sans âge
Où viennent paître les chevaux, les chèvres et les moutons.

Chaque objet brille de sa différence et de sa présence,
Et s'expose aux regards des créatures qui le contemplent,
Conscientes plus ou moins avec facilité ou aisance,
Que le soleil, ainsi, se construit chaque matin, son temple.

À l'intérieur de cet immense édifice lumineux,
Des êtres prient et communient avec la nature entière :
Lacs, prairies, fleuves et forêts de feuillus et d'épineux,
Et perçoivent la source infinie qui nourrit la matière.

C'est ainsi que l'aube splendide nous sauve des ténèbres
D'où sont alors extraits les diamants de la diversité,
Puis, devenue jour, qu'elle s'abandonne aux ombres funèbres
Quand la nuit soumet à l'alternance de l'obscurité !

L'union des femmes et des hommes est bien l'expression du langage
de la nature qui expose dans les couples, la force d'inclination des lois
naturelles. Mais les sociétés modernes ne facilitent pas souvent le
déroulement de leurs activités communes.

UN COUPLE QUELQUE PART

Le réveil surprend le rêve,
Insolent et sans scrupule,
N'accordant aucune trêve
Aux yeux gros comme des bulles.
Le déjeuner du matin
S'avale très peu mâché,
Victime de ce destin
Qui fait courir, non marcher.

L'homme et la femme se croisent
Du salon à la cuisine,
Puis, à nouveau, ils se croisent,
Se distinguent, se devinent.
Le temps presse et les accule ;
L'heure sérieuse a sonné !
Dehors des foules circulent
Dans la ville bétonnée.

Ils s'embrassent et se décollent
À la sortie du métro ;
C'est le même protocole
Chaque jour, sans plus, sans trop.
Puis la journée fatigante
Tire les traits des visages,
Et, quand elle est épuisante,
Parfois elle décourage.

Mais le couple est de retour
Après avoir travaillé,
Et l'un et l'autre, à son tour,
Se mettent alors à bâiller.
Le repas au micro-onde
Est réchauffé un moment,
Sans qu'ils aient une seconde
Pour cuisiner autrement !

Enfin ces amoureux lisent
Ou regardent la télé,
Et dans leur doux lit s'enlisent
Après s'y être affalés.
Puis, c'est le réveil qui sonne,
Insolent et sans scrupule,
Et, sursautant, ils s'étonnent
Leurs yeux gros comme des bulles !

L'histoire narre les actes tragiques de sociétés patriarcales.
Il reste beaucoup de progrès à faire en ce sujet.

LES SALAIRES DES FEMMES

Puisque leur nature démontre avec évidence,
Qu'elles détiennent le pouvoir qui crée les naissances
Dont elles ont la force innée de porter le fruit,
Les femmes devraient avoir des hommes, un appui
Et une reconnaissance de leurs aptitudes
En étant payées comme eux par correcte attitude.

Bien sûr, il n'y a que depuis quelques décennies
Que du droit de voter, elles ne sont plus bannies,
Pouvant être reconnues dignes d'intelligence
Et d'exercer des fonctions dans les arts, dans les sciences,
Dans les commerces et pléthore d'autres métiers
Qu'elles savent maîtriser autant que leurs moitiés.

Encore aujourd'hui, en moult pays démocratiques
Qui disent rendre la justice ou qu'ils la pratiquent,
Les femmes sont moins rémunérées que beaucoup d'hommes,
Fait prouvé par leurs fiches de payes en leurs sommes ;
De surcroît, c'est vraiment à compétences égales,
Ce qui peut impliquer que mâle vient du mot mal.

Certains diraient que c'est mieux que dans d'autres pays,
Où elles sont torturées, lacérées et haïes,
Violées et privées de tout droit qui est essentiel,
Par exemple marcher seules, dehors, sous le ciel,
Ou conduire en voiture leurs enfants à l'école ;
Toutes ces injustices pouvant les rendre folles.

D'autres rétorqueraient que le choix d'un médecin,
Quand il apprend que quelqu'un de malade et non sain,
N'a pas une maladie conduisant à la mort,
Est pourtant de tout faire au mieux pour soigner son corps :
Le mal ne se juge pas par quelque quantité
Mais par la privation qu'il est d'une liberté !

Alors messieurs, écoutez s'il vous plaît vos consciences,
Ayez l'esprit juste quand vous voyez vos alliances
Car elles sont à vos doigts l'emblème de l'amour
Que vous clamiez aux femmes en leur faisant la cour ;
Et si vous êtes seuls ou même un homosexuel,
Sachez bien qu'en ce monde, vous êtes venus d'elles !

Matrice des profondeurs d'où émergea la vibration des vies, les mers mettent au monde ce qu'elles ont fécondé par leur amour avec le soleil. Densité source des existences, elles portent les fruits de la création universelle pour laquelle elles ne cessent de servir l'œuvre. De leur force liquide advient l'histoire des êtres !

LES MERS

Les mers limpides de ce monde, coulent en nos corps
Par nos cellules qui sont avec elles en accord ;
Bercent nos âmes par les flux et les reflux sonores
Des vagues musicales qui viennent mourir aux ports.

Les mers nous enchantent de leur claire essence liquide,
Glissant entre nos mains qu'elles rendent toujours humides
Et lavent nos cœurs comme une source pure et limpide
Qui inonde chaque endroit de l'être, jusqu'à nos rides.

Les mers sont celles qui furent la matière première,
Qui chantent quand elles passent sur les galets et pierres.
Elles dansent avec les forts vents qui leur font la guerre
Par tempêtes ou typhons, mais qui ne les usent guère.

Les mers sont sûrement la matrice de notre monde
Où d'innombrables créatures naissent, vivent et pondent.
Elles couvrent de leurs fluides les profondeurs du temps
Et forment les nuages pour arroser les printemps.

Les mers du fond des âges nous parlent des origines
Que notre intuition nous révèle être vraiment divines.
Elles déversent leur force dans les flots de nos veines
Et elles glissent sur nos joues quand nous sommes en peine.

Les mers palpitent d'étincelles dans l'aube des jours,
Immenses et pleines et profondes comme l'amour.
Elles posent à l'horizon nos regards temporels
Et, plus loin, nos pensées car elles leur donnent des ailes.

LE TRÉSOR DES MERS

Fluctuantes vagues et constants mouvements,
Selon les vents du ciel et les courants internes
Qui causent en leur surface des monuments
Pouvant parfois engloutir, dans leur gouffre terne,
Les navires imprudents et même impudents
Qui pensaient pouvoir faire plier ces géants
Comme des lions tenant leur proie avec leurs dents,
Les mers sont le parfait contraire des néants.

En elles palpitent les cœurs des créatures
Qui apparurent au début de l'Existence,
Pour la plus grandiose et la plus belle aventure
Conditionnée par une divine sentence.
À l'intérieur de leurs eaux, la vie s'étendit
En d'innombrables formes d'intelligence
Dont, sans cesse, les capacités ont grandi
Afin de vivre et non mourir par négligence.

Cette lutte incessante dans leurs profondeurs
Où put ainsi évoluer la vie primaire,
Démontre qu'une femme enceinte, en ses rondeurs,
N'a pas par hasard le nom de future mère.
C'est par cette origine que les corps humains
Sont faits de presque soixante-dix pour cent d'eau,
Comme sont apparues des nageoires, les mains
Qui, par exemple, peuvent construire un radeau.

Coffres liquides, elles détiennent la mémoire
De la richesse des commencements du monde,
Et les souvenirs des reflets de leur miroir
Tels que les cieux antiques et la lune ronde.
Les tempêtes les font danser et se dresser
Comme des murs stoppant la course des étoiles,
En laissant glisser sur elles et se presser
Les paquebots à moteur et bateaux à voiles.

Parfois tumultes et d'autres fois apaisantes
Lorsqu'elles se confondent au ciel qu'elles imitent,
Elles sont comme lui, des masses imposantes,
Et comme lui paraissent être sans limite.
En plongeant le regard sur le cours de leurs flots,
Leur vastitude émouvante, mire la nôtre,
Et notre conscience, en notre âme, alors éclot
Et comprend, ainsi, de laquelle dépend l'autre !

Lors de la Genèse, rien ne put être créé sans la présence de la féminité.
La lumière apparut par le mariage des deux valeurs complémentaires
qui laissèrent alors apparaître de leur union, les rayons des révélations.
En unissant deux forces, une troisième s'irradie de cette association
harmonieuse et devient une manifestation de la création !

GENÈSE

Une main divine est venue sculpter le monde
Que de leur souffle, les anges ont alors poli
Pour faire de notre terre une forme ronde
Tournant sur elle-même, comme une poulie !

Tel un diamant sacré dans la paume de Dieu,
Notre boule céleste a été déposée,
Entourée d'air et de tendresse, en son beau lieu,
Et d'un geste délicat y fut arrosée !

Alors la mer jaillit et la vie apparut,
Inconsciente d'elle-même et partout vibrante,
Gagnant avec force son dû mais en mourut
À chaque fois que le temps réclama sa rente !

Ainsi aux moindres endroits de tous les pays,
L'évolution se fit pour comprendre la cause
Qui engendre les malheurs qui sont tant haïs.
Et des sages sont nés par leur métamorphose !

Si vous en rencontrez un non loin de chez vous,
Écoutez ses paroles, suivez ses conseils,
Car si vous ne le faites pas, vous êtes fou
Ou vous êtes ignorant, ce qui est pareil !

Car quelle personne préservant sa raison,
Voudrait garder son ignorance et sa folie
Qui sont, pour son esprit, des ignobles poisons
Et au jugement de Dieu, pour soi un délit ?

…/…

Une main divine sculpta aussi nos corps
Avec l'outil béni que les anges ont porté,
Pour que la conscience apprenne à vaincre la mort
Dans l'espace et le temps formés d'éternité !

Tout fut fait simultanément comme toujours :
Tourbillons d'énergie, lumières et matières,
Et le monde où alternent les nuits et les jours
Qui ne sont, entre eux, que de trompeuses frontières !

C'est ainsi qu'apparurent les pluralités
Pour distinguer chaque élément de l'Absolu,
Et de même les individualités
Auxquelles le trésor de Dieu est dévolu !

C'est ainsi qu'apparurent les pluralités
Pour distinguer chaque élément de l'Absolu,
Et de même les individualités
Auxquelles le trésor de Dieu est dévolu !

C'est l'un des plus grands mystères de la vie sur terre, dont sont dépositaires les mères, qui permet de contempler l'intelligence existentielle.
La féminité est ainsi comme le coffre du trésor de l'amour !
Naître est alors le fruit de l'être !

NAISSANCE

Vibrant de l'appel de sa quête naturelle,
Installé en son nid, pondu selon la loi,
Un ovule reçoit, fonction intemporelle,
Sa semence qui s'active et qui se déploie!

L'univers ordonne alors, parfait architecte,
La construction du reflet de l'éternité
Que la rosée du corps, comme une pluie, humecte
Pour que la fleur donne le fruit de sa beauté !

Les forces agissent, les énergies s'enlacent,
L'espace est rempli, les lumières se confondent,
Le centre s'étend, chaque sujet prend sa place ;
La forme en devient la reproduction d'un monde !

Alors dans la paix de l'admiration humaine,
Dans l'oubli des conflits, des discordes et haines,
Dans les cris retenus des douleurs du devoir
De la femme qui se donne au mal pour sa gloire,
L'enfant surgit soudain du temple de l'amour,
Du souffle de son âme ouvre ses yeux au jour,
Crie pour approuver le courage de sa mère
Et sourit pour dire : arrêtez toutes les guerres !

NOTRE TERRE

Terre qui existe depuis quatre milliards d'années ;
Sublime nature où les hommes semblent s'y damner
Et malignement ne créer que pour la condamner
À n'être plus qu'une fleur agonisante et fanée !

Terre ronde recouverte de mers et d'océans ;
Comme venue soudain de la lumière d'un néant,
Et qui remplit tous les corps de son liquide géant
Qui s'écoule dans les vallées entre les monts béants !

Terre des vertes forêts qui produisent l'oxygène
Respiré depuis des siècles par tous les indigènes,
Par aussi les êtres antiques et les aborigènes,
Mais détruite par les pollueurs que je morigène !

Terre des animaux venus avant l'humanité,
Conscients et démontrant alors leur sensibilité,
Aimant comme chaque être vivant, vivre en liberté
Et prouvant assurément nos liens de fraternité !

Terre d'énergie provenant du grand creuset des astres,
Dont l'aura pure subit un véritable désastre
Par les souilleurs du monde qui détruisent le cadastre
En polluant les sols par du poison qu'ils y encastrent !

Terre d'accueil où l'âme, stagiaire, peut y paraître
Au service de la grande évolution la faisant naître
Sur cette perle universelle, afin de connaître
Les vérités de l'être pour en devenir le maître !

Terre d'amour prêtée par Dieu pour y vaincre nos torts !
Héritage bien plus précieux que tous les beaux trésors
Dont chacun de nous doit en protéger jusqu'à sa mort,
Pour les générations futures, les faunes et flores !

Le soleil féconde la terre son épouse, et le monde est !

La terre et la nature, indissociables puisqu'elles sont la même chose
pour la même cause !

LE TRÉSOR DE LA NATURE

Voilà ceci et voici cela, c'est ainsi,
Chaque phénomène et chaque merveille aussi !
Tout était là et tout s'est lui-même produit
Avant que l'être humain puisse y être introduit.
Un surgissement permanent de l'existence,
Un miracle renouvelé par sa constance.
Un jaillissement perpétuel de nouveautés,
Et la multiple expression de la liberté !

Des explosions de toutes parts et des splendeurs,
Et des manifestations de fougue et d'ardeur,
Accrochées à la terre ou nageant dans les eaux,
Formant des groupes ou progressant en réseaux,
Inventant des stratagèmes pour se nourrir,
S'associant parfois même pour ne pas mourir,
Devant prendre, attraper, s'enfuir ou se débattre,
Si ce n'est se camoufler ou devoir combattre,
Pousser, ramper, sortir, entrer ou s'envoler
Et donner, partager ou quelquefois voler,
Grandir, s'étendre et dominer ou se soumettre,
Mais utiliser ce qu'il ne faut pas omettre !

La nature est partout et en tous les endroits
Où elle doit prendre en permanence ses droits ;
Elle couvre le monde et le rend magnifique
Par ses nombreuses capacités prolifiques ;
Sous le soleil, ses centaines de couleurs chantent,
Ses mouvements se dressent, se courbent, serpentent
Lors de sa sempiternelle danse vitale
Durant laquelle elle semble être ornementale.

C'est parce qu'elle est le langage universel
Qui écrit le livre du destin naturel,
Qu'elle est l'essence qui exprime la beauté
D'où elle est provenue pour la manifester.
Mais en notre siècle d'ignorance cupide,
Les hommes n'ont toujours pas su remplir leur vide
Et la détruisent en se détruisant eux-mêmes
Puisqu'ils ne savent pas que c'est leur mort qu'ils sèment ;
Ils ne comprennent donc pas que tout communique,
Que chaque élément de l'ensemble féérique,
Est interconnecté avec le monde entier,
Et que la nature compose leur moitié !

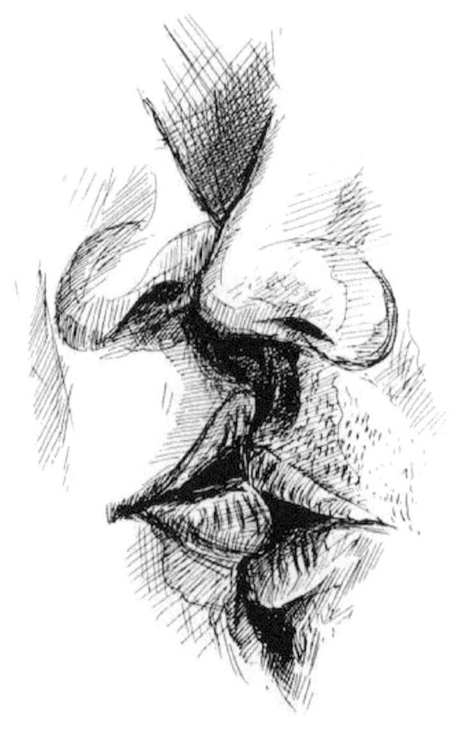

Pourrait-on séparer la féminité de la masculinité ?
Ce serait comme considérer que l'avers d'une médaille n'aurait pas de revers !

UN GRAND AMOUR

Un grand amour, c'est l'éclosion d'un sentiment
Qui palpite entre deux cœurs qui font le serment
D'unir leur âme en une confiance mutuelle
Brûlant dans ses flammes toute émotion cruelle !

Un grand amour, c'est rayonner de liberté
Pour l'offrir à l'aimé et, sans le regretter,
Le rendre maître à son tour, tel un immortel
Dont le pouvoir de vie est ainsi éternel !

Un grand amour, c'est ne jamais posséder l'autre
Pour que le bonheur soit le sien avant le nôtre,
Prêt, chaque instant, à retrouver la solitude
De ne pas avoir cédé à la servitude.

Un grand amour, c'est l'union de deux êtres forts
Qui parviennent à mettre en commun leurs efforts
Pour créer avec éthique, leur cohésion
Dont le respect libère de toute illusion !

L'AMOUR

Les corps se sont embrasés,
Pouvant presque s'abraser,
Et confondent tendrement
Leur douce énergie d'aimant.

Les peaux devenues diaphanes,
Se pénètrent de clarté,
Et, de leurs courbes, émane
Leur vraie luminosité.

Puis les corps, encore, s'effleurent
Et, en même temps, ils fleurent,
Frémissant d'intensité
Et vibrant de nudité.

Alors leurs âmes en transe,
S'autorisent leur jouissance,
S'enivrant du résultat
De ce merveilleux état.

Poème écrit pour la proposition d'un jeu dont le but était de terminer au mieux possible les vers d'un sonnet par les mêmes rimes que le célèbre Sonnet de Félix Arvers.

DU CIEL À LA TERRE

Mon âme est la sienne et cela est un mystère ;
Un amour sans fin nous a pensés et conçus ;
Le mal ne parviendra pas à le faire taire,
Cela, avant de naître, déjà je le sus !

Hélas ! Près d'elle je demeure inaperçu,
Encore éconduit en des chemins solitaires
Mais pressentant, elle et moi, que sur cette terre,
Le bien du grand destin que nous avons reçu,

Nous accordera une communion si tendre,
Que nous ne pourrons plus jamais voir ou entendre
Que tout ce qu'elle est et non ce qu'elle n'est pas.

Nous sommes, depuis toujours, des amants fidèles
Puisque je suis Adam et qu'Ève c'est donc elle
Même si, cher lecteur, vous ne me croyez pas !

Il est notoire que la lune est liée à la féminité en de nombreux sujets.

CLAIR DE LUNE

La lune lentement dans le ciel passe,
Me rappelant que je vis dans l'espace ;
Elle éclaire mon cœur de sa splendeur,
Et lui procure une meilleure ardeur !

Sur sa route en passant, elle dévoile
De brillantes et sublimes étoiles
Qui pétillent de beauté dans la nuit,
Et se reflètent même au fond des puits !

Agréable ambiance nocturne et tendre
Où, par sa magie, je me laisse prendre
Et douillettement porté jusqu'aux cieux,
Pour me sentir, alors, grand comme un dieu !

Me trouvant soudain face au satellite,
Peut-être dans un rêve au sein d'un rite,
Je me suis prosterné pour l'honorer
Et le remercier de son art doré !

Revenu ici comme auréolé
De son halo impossible à voler,
J'essaie, par l'écriture de ces vers,
De décrire l'éclat de l'univers !

L'âme, épouse et issue de Dieu, emporte durant les nuits son enfant
Égo qui se repose ainsi des épreuves terrestres. Elle se fait homme
pour la femme et femme pour l'homme et attend le mariage mystique
qui l'unira à son créateur !

MON ÂME

Bercé par les chants sacrés des chorales divines,
Voilà le charme de tes voix, le son de tes mots
Et l'effet de tes paroles suaves et fines,
Qui ôtent en moi les plus terribles de mes maux !

Frôlé par le souffle de ta nature subtile,
Voilà ton essence, ta douce force de paix
Et le pouvoir de tes ondes claires et fertiles,
Qui me sauvent des gouffres remplis d'un noir épais.

Du cœur de l'absolu d'où rayonne l'univers,
Tu m'étreins sans m'écraser et entres sans forcer
En mon esprit ravi et pour toi toujours ouvert,
Puisque tu l'aimes sans cesse et viens le renforcer !

Ma chair résonne sous l'influx de tes décisions,
Par le battement de la vie qui s'exprime en moi
Et que tu contrôles avec grande précision
Pour que je réussisse à vaincre tous mes émois !

Mes pensées cherchent l'harmonie où elles seront
Baignées par ta source qui jaillit de maints endroits,
Unies à l'infini symbolisé par le rond,
Et ceintes de sagesse connaissant les vrais droits !

Ma conscience a focalisé son faisceau sur terre,
Pour y vivre de nombreuses envies et errances
Et finir sa course en purifiant son caractère
Par ton feu invisible ou qui n'a pas d'apparence.

Je dois m'unir à toi comme le font deux aimants,
En découvrant le secret des hommes et des femmes,
Ce mystère qui fait que s'unissent les amants,
Et terminer enfin mon voyage en toi, mon âme !

La photographie reçoit la lumière des choses qu'elle retient en son sein pour reproduire ce qu'elle a reçu, à l'instar de la féminité qui reçoit la semence de l'amant pour reproduire par sa progéniture, ce qu'elle contient en son être.

PHOTOGRAPHIE

Elle immobilise un instant
En l'imposant sur une image.
Elle veut donc vaincre le temps
En fixant les formes des âges.

Elle fait comme la nature
En imitant son grand talent
Ou l'artiste dont la peinture
Reproduit tout dans son élan.

Elle fige les souvenirs
Sur un papier mat ou glacé,
Car elle aime désobéir
Au passé qui s'est effacé.

Elle est un génie de son art
Par ses nombreux professionnels,
Et réussit à être à part
Sans montrer d'objets irréels.

Ce qu'elle fait peut-être mieux
Que toute autre façon de faire,
C'est d'attraper tout de tous lieux
Pour qu'on ne puisse le défaire.

Elle montre que le passé
Peut ne pas quitter nos mémoires,
Ou ne pas en être chassé
Si nous désirons le revoir.

Elle prouve, en définitive,
Que le présent a existé
Malgré les pensées fugitives
Auxquelles il peut résister !

L'ombre soulage lorsque l'on a trop chaud sous le soleil, et annule les
différences des objets, hormis de leur silhouette, exactement comme
une mère qui aime ses enfants sans faire de différence entre eux. Ce
n'est pas étonnant qu'ombre est du genre féminin.

L'OMBRE

Marchant dans un désert de sable ou de sel,
Mon ombre me suit, pleine, obscure et fidèle,
S'accrochant à mon corps comme une ventouse,
Même quand je saute sur une pelouse.

Elle m'aime et ne me quitte jamais
Et tout ce que je fais, elle aussi le fait.

Elle s'intègre parfois à d'autres ombres,
Et montre le chiffre en effaçant le nombre
Puisqu'elle réussit à bien s'unifier
Avec ce qui est sombre auquel elle est liée.

Mon ombre ne pourra jamais m'éviter
Ou avoir une quelconque liberté,
Ni présenter d'autres poses que les miennes
En suivant mes gestes qui vont et qui viennent.

Rassurante en me démontrant que j'existe
Car sans moi rien de ce qu'elle est ne subsiste,
Mon ombre est, sous le soleil, mon négatif
Dont dessine les contours, mon positif.

Elle s'étale où je passe et où je m'installe,
Sur des murs, des meubles, des sièges ou des dalles.

Elle disparaît dans le vent ou le vide
Et elle est de mon âge mais sans les rides ;
Oui, elle dépend de tout ce que je suis
Puisqu'elle est pour moi ce qu'au jour est la nuit.

Si vous la voyez passer, soyez certains
Que je suis près d'elle, car c'est son destin !

Les musiques et les chansons portent bien leur caractère féminin, car dans la plupart des œuvres artistiques qui les concernent, elles apportent de la douceur, de la paix, de la chaleur, du bonheur, de la joie, de l'optimisme et de la force morale.

MUSIQUE

La musique est le vibrant chant de l'univers,
L'harmonie sonore de toutes les lumières !

Ses notes sortent comme des colliers de perles,
D'une contrebasse ou de la gorge d'un merle
Et glissent, fortes, suaves, jusqu'aux oreilles
Créées avant tout pour entendre ses merveilles !

Son corps est aussi dans les mots et dans les voix,
Dans les bravos, dans les cris d'espoir et les joies ;
Dans les bruits du vent et les souffles des tempêtes,
Ainsi que dans les nombreux langages des bêtes.

Elle s'entend même dans les pleurs des amours
Et dans tous les murmures des levers du jour ;
Comme dans les gémissements et les soupirs,
Dans les sifflements secrets de l'air qu'on respire.

Elle est, de tous les mondes, la tendre parole,
Les grands discours des soleils et de leurs corolles,
La conversation des innombrables étoiles
Et le baume des cœurs, qui enlève leur voile !

De toutes parts jaillissent sa magnificence
Et la force naturelle de son essence :
De l'infini cosmique, de toute chanson,
Des clochers, du sifflement joyeux d'un maçon,
Des mers ou des océans comme d'un moineau,
D'une guitare, d'un violon ou d'un piano.

Et chacun, selon ce qu'il ressent, s'en réjouit
Quand le chanteur la fait soudain sortir de lui,
Que le compositeur enfin lui obéit
Et que, par sa beauté, les miséreux sourient !

Écrire, c'est comme peindre par des mots le tableau de son âme !
Patrick Édène

***

******

FEMINA

******

***

Patrick Édène

FSC
www.fsc.org
MIXTE
Papier issu
de sources
responsables
Paper from
responsible sources
FSC® C105338